회 상
(回想)

정정순 鄭貞順 (시인 화가)

아호: 예초, 서울 중랑구 출생
문학공간 등단(1998년)
예원예술대학 조형미술 서양화과
이화여자대학 정보과학대학원
연세대학 경영대학원, 홍익대학 현대미술대학원
동방대학원대학교 불교문예 박사수료
(사)한국문인협회 28대 문학지 육성교류위원회위원장,
(사)국제PEN문학회원 (사)현대시인협회회원
(사)한국미술협회회원 (사)국전작가회 이사
불교문학 발행인 및 명예회장, 중랑 문인협회 고문,
수상: 허난설헌문학상 금상, 일붕 문학상 대상, 문학공간 본상,
글사랑문학 본상, 다산문학 대상, 에피포토문학 대상,
한울문학 대상, 국제문화예술 대상, 중랑문학 대상
대한민국미술대전 입선, 특선 외 다수
18권의 시집. 맑은 하늘에 점하나 찍었어 등
18회 개인전. 예술의 전당 등
연락처: 서울시 중랑구 동일로 156길 35(묵1동 122-54)
홈페이지: www//jjsoon.com
HP: 010-3703-8585
E-mail jjsoon8585@naver.com

예초 **정정순** 시집

회상
(回想)

도서출판예초

인간적인 너무나 인간적인

정 성 수(丁成秀)
(시인, 문학평론가)

정정순 시인의 시편들은 너무나도 인간적이다.
다시 말하자면 〈인간적인 너무나 인간적인〉 시들…! 늘 어지럽게 소용돌이치는 이 풍진세상 속에서 지상의 인간과 대자연과 자신에 대한 한없이 따뜻한 사랑의 시선은 지고지순, 그야말로 더없이 아름답고 눈물겹다.
한 마디로 순결 무구한 시, 쓸데없이 난해하지 않고 누구나 이해하기 쉽고 진솔하게 다가오는 아름다운 생활할 때, 열린 가슴으로 세상을 들여다보는 폭 넓고 깊은 시야, 종교적 잠언 같은 교훈적 시들, 시로 쓰는 일종의 감성적 영혼이 눈부신 시들…!
정정순 시인의 수많은 시는 이처럼 인간적이고 너무나 인간적으로 따뜻하고 포근하고 애틋하다.
다음 시를 살펴보자.

꽃을 보면 따고 싶고
멋진 사람 보면
만나고 싶고
근사한 물건 보면
갖고 싶고 사고 싶은

사랑은 욕망의 덫

곁에 두고
좋다 행복하다
느끼면서
또 다른 사랑으로
또 다른 만남을 꿈꾸는

욕망은 인생의 덫
　　　　-〈욕망〉 전문

　인간의 출구 없는 무한욕망을 적나라하게 표현한 시. 제1연~제2연에서는 '꽃을 보면 따고 싶고/멋진 사람 보면/만나고 싶고/근사한 물건 보면/갖고 싶고 사고 싶은//사랑은 욕망의 덫'이라고 노래한다.
　제1연에서 꽃, 멋진 사람, 근사한 물건은 말하자면 상징적인 시적 동의어이다. 즉 시적 화자(퍼스나)가 지니고 싶은 것. 그것들에 대한 소유욕, 다시 말해 사랑은 '욕망의 덫'이라고 경쾌하게 정의를 내린다. 그렇다. 그 무엇인가에 대한 뜨거운 사랑은 인간이 지닌 선험적 '욕망의 덫'이다.
　그 '덫'은 어쩌면 아름다운 그리움의 덫이기도 하다.
　제3연~제4연에서는 '곁에 두고/좋다 행복하다/느끼면서/또 다른 사랑으로/또 다른 만남을 꿈꾸는//욕망은 인생의 덫'이라고 노래한다.
　기막힌 절구다.
　인간의 끝없는 욕망, 제1의 사랑에서 제2의 사랑으로의 변신, 이동, 신선한 것에 대한 뜨거운 갈구는 말하자면 거의 본능적이

다. 인간 개개인이 지닌 지성이나 이성의 문제. 즉 이지적 객관적 문제가 아니라 지극히 주관적 감성적 감정적 본능적인 문제라고 말할 수 있을 것이다.

  이 시의 위대한 점은 일반적 보편적인 단순 사랑의 노래가 아니라 인간의 복합적이고 본능적이고 비논리적인 원초적 사랑을 추구했다는 점이다. 다시 말하자면 가장 순수한 인간적인 너무나 인간적인 사랑을 노래한 그 통찰의 깊이와 인간 본성에 대한 깊은 이해이다.

  다음 시를 살펴보자.

늘 칭찬을 아끼지 않고
아낌없이 응원해 주며

천방지축 떠들어도
내 마음 알아주는 당신

해와 달이 잠든 밤
음악에 맞추어 춤을 추게 해주고

고달픈 하루가 저물고
당신 팔에 누울 때

한결같이 사랑해 주며
오래도록 감싸 안아 준 사람
-〈당신〉 전문

시적 화자의 남편에 대한 따뜻한 사랑을 노래한 시. 흔히 부부 사이를 일심동체라고 말한다. 부부는 '한마음 한 몸이'라고 부를 만큼 서로 잘 이해하고 사랑하고 아껴주는 특별한 사이라는 뜻일 것이다.

제1연에서 '늘 칭찬을 아끼지 않고/ 아낌없이 응원해 주며/ 어느 날 남편이 늘 칭찬을 해주던 아름다운 추억, 다른 어느 날 남편이 아낌없이 응원해 주던 추억의 스케치다. 시적 화자 혼자가 아니라 부부 두 사람이 함께 누린 잊지 못할 아름다운 추억의 고백이다.

제2연~제3연에서 '천방지축 떠들어도 /내 마음 알아주는 당신// 해와 달이 잠든 밤/ 음악에 맞추어 춤을 추게 해주고// 라고 시적 화자가 고달픈 하루를 편안히 마무리하면서 기분을 맞추어 주고 속마음 모두 알고 이해해 주고 아껴주는 당신…!

제4연~5연에서 '고달픈 하루가 저물고/당신의 팔에 누울 때// 한결같이 사랑해 주며/오래도록 감싸 안아 준 사람'이라고 노래한다.

몸이나 마음이 아프거나 삶이 힘들 때, 피로한 몸으로 당신의 팔에 누울 때, 내 흩어진 머리를 쓰다듬어 주고 오래오래 나를 든든하게 지켜주고 사랑해 줄 사랑하는 당신…!

시적 화자의 남편에 대한 따뜻하고 깊은 사랑과 신뢰가 넘쳐나는 아름다운 부부 사랑가가 아닐 수 없다. 봄날의 햇살처럼 따뜻한 부부애가 너무나도 눈부시지 않은가.

목차

회상

회상 · 013
명상의 기쁨 · 014
욕망 · 015
칭찬하고 살자 · 016
장수의 비결 · 017
산에 피어오르는 행복 · 018
아련한 그리움 · 019
소설 같은 이야기 · 020
진실 · 021
홀로서기 · 022
운수 대통 · 023
사랑받을 사람 · 025
끝없는 도전 · 026
비상을 꿈꾸는 사람들 · 027
무병장수 · 028
찬란한 봄처럼 · 029
적당한 선 · 030
우리네 인심 · 031
나눔의 미덕 · 032
하늘에 구름처럼 · 033

책 속에 처방전

책 속에 처방전 · 037
당신 · 038
우리 집 순이 · 039
살림 솜씨 · 040
추억의 드라이브 · 041
출가외인 · 042
황금기 · 043
어느 작가의 고백 · 044
어디로 갈 것인가 · 046
개미처럼 · 047
정해진 운명 · 048
수줍은 여자 · 049
성격 · 050
이별 연습 · 051
웃기던 친구 · 052
별이 되고 싶다 · 053
고요 속에 싹트는 사랑 · 054
세상과 씨름 중 · 055
예술인 · 056
물결치는 욕망 · 057

건강이 최고

건강이 최고 · 061
묶어 놓은 시간 · 062
세상인심 · 063
우리의 꿈 · 064
운명 · 065
사람 사는 세상 · 067
소낙비 · 068
고독한 시인 · 069
감정의 동물 · 070
백 세 인생 · 071
태양 같은 그대 · 072
가화만사성 · 073
원인 제공 · 074
순정의 여인 · 075
장미의 사랑 · 076
기다려지는 사람 · 077
익숙해진 일 · 078
여인의 일생 · 079
진달래꽃 · 080
극장 구경 · 081

기억의 창 열어 보니

기억의 창 열어 보니 · 085
덩굴장미 · 086
뒤바뀐 입장 · 087
추억의 발자취 · 088
생일 선물 · 089
해바라기의 고백 · 090
달콤한 과자처럼 · 091
인생 신호등 · 092
참고 산다는 것은 · 094
인생은 연기 · 095
여름의 합창 · 096
포기 · 097
목적지 · 098
시인의 일생 · 099
혼비백산 · 100
잠든 영혼에게 · 101
참혹한 참사 · 102
피었다 지는 꽃 · 103
밀려오는 파도 · 104
내 편 내 사랑 · 105

기를 맑게 해 주는 나무

기를 맑게 해 주는 나무 · 109

가족 사랑 · 110

바람막이 형제 · 111

나무의 일생 · 112

극복의 천재 · 113

욕심꾸러기 · 114

마음 정화되는 산 · 115

산은 나의 구세주 · 116

내 마음 · 118

낭만의 산 · 119

산마루에 서서 · 120

생존의 법칙 · 121

평범한 사람 · 122

무르익은 사랑 · 123

성공적인 하루 · 124

영덕 고래불 해수욕장 · 125

그리운 아버지 · 126

청춘이 영원한 줄 알았는데
찬란한 봄은 어디 갔을까

회상

기회는 한 번뿐
때를 놓치지 말아야지

춤도 추고 뛰기도 했지만
멀고도 먼 유명인의 길

때가 있다는 말
실감 나네

청춘이 영원한 줄 알았는데
찬란한 봄은 어디 갔을까

명상의 기쁨

자신만의 향기
마음 정화 시키고
생명 불어넣으며
정신 순화시키는 명상

땅과 나무처럼
아름다운 감정의 파장
그 생각 안에
몸과 마음 하나 된다면

세상만사
심신 수련
삶의 기쁨
자아발견을 하게 된다면

욕망

꽃을 보면 따고 싶고
멋진 사람 보면
만나고 싶고
근사한 물건 보면
갖고 싶고 사고 싶은

사랑은 욕망의 덫

곁에 두고
좋다 행복하다
느끼면서
또 다른 사랑으로
또 다른 만남을 꿈꾸는

욕망은 인생의 덫

칭찬하고 살자

칭찬 들으면 힘이 나는 세상
기쁨 줄 수 있고
화를 부를 수 있는 말

후회되지 않게 신중하게
남의 말에 귀 기울여 주는
당신은 자랑스러운 인물

사람을 사랑하고
소중하게 생각하고
기품 있는 말씨

칭찬을 아끼지 않는 당신

대한민국 인간관계 금메달

장수의 비결

인생 산책로
배움도 즐기면서
가을 햇살처럼 따듯하게
남의 탓하지 말고 즐겁게 살자

햇빛 쨍한 날
햇살 한 줌 생각나면
무념무상
당당하게 수화기 돌리면서
규칙적인 생활
최고의 컨디션 유지

두근두근 뛰는 가슴
마음의 평정 잃지 않고 산다면

산에 피어오르는 행복

잔뜩 구름 덮인
고요가 숨 쉬는
깊은 산에는 낭만이

적막 속에
꿈이 있는 산길
짐승들 숨소리에는 희망이

씩씩한 나무들
푸른 에너지에
사랑이 고개 내민다면

메마르지 않은 감성
너는 소녀

아련한 그리움

바람 부나 비가 오나
환하게 웃을 수 있는 열정
품위 잃지 않게 하소서

아름답게 피어나는
나 하나의 사랑
세련된 말을 하게 하소서

타고난 겸손
계절마다 찾아오는 철새 반기며
행복의 천사 되게 하소서

내 숨 쉬는 공간
밤하늘 별만큼
아련한 그리움

큰 항아리 가득
남을 배려하며 살게 하소서

소설 같은 이야기

사랑에 싹 키우며
마음의 문 활짝 열고
바람은 바람끼리
초록은 초록끼리

끼리끼리 만나면
만사 제쳐놓고
이야기꽃 피우는
사연 많은 인생 고갯길

무르익어 가는
소설 같은 이야기
심장이 뛰는 소리
소설 속에 우리는 주인공

진실

봄소식을 알리는
나무와 꽃 사이
수많은 사람 속에
너와 나 사이

맛있는 음식
코 앞에 놓고
함께 하고 싶은 마음
핸드폰을 누른다

달려와 꽃이 되어주렴

그리운 너는 내 친구

나누고 싶은 너는 내 사랑

홀로서기

열매를 맺기 위한
하나뿐인 사랑으로
꽃이 되어 살아온 당신

꽃이 혼자 피어나듯
생각과 생각이 교류하는
홀로서기

가족 사랑으로
바꿀 수 있는 생각의 틀
무엇도 부정하지 말고

하면 된다
도전해 보자

운수 대통

수많은 나무와 꽃
잔치를 벌이는 산허리
이 산은 주인이 누구일까

임자가 있는 산
임자가 없는 산

하얀 뭉게구름 하늘 아래
이 땅의 주인은 누구일까

임자가 있고 없고
사고팔고 주고받고

당신도 나도
임자가 있게 마련
임자를 잘 만나야 운수 대통

사랑받을 사람

세상 눈치 보지 않고
자신을 다독이며
자유롭게 즐겁게
한 끼 식사와 운동
약속처럼 지키는 사람

곱게 물든 단풍처럼
이웃 사랑
자식 사랑
언제나 유지하며
단정하고 아름다운 매무새

생각과 주관 뚜렷하고
삶의 만족도 느끼는
자신만의 자신감
행복지수 높은 사람

끝없는 도전

상식이 있고 없고
지식이 많고 적고
천차만별인 세상

"세 살 먹은 아이에게도
배울 것이 있단다"
무얼 할까 무얼 배울까
꿈도 많았는데

변화하는 흐름 속에
"배움은 끝이 없단다"
땅은 보지 않고
하늘만 쳐다본 사람

어떤 꿈으로 불 지피던
뒤쫓아오지 못할 만큼
멀리 달렸는데
왜 쉼표를 찍으려 했을까

비상을 꿈꾸는 사람들

나에게 능력을 주소서
비상을 꿈꾸며
익어가는 사람들

넘칠 만큼은 아니라도
누구나 자기 자리에서
그만큼만 잘하면 된다

열심히 노력한 사람
언젠가는 인정받고
존경받는 세상

실력도 재력도 각 각인데
누구에게나 꽃이 되고
모든 걸 다 잘하려는 건 욕심

무병장수

밝은 햇살 아래
인생은 아름답다고
열린 마음
매일 뜰을 가꾸며
일광욕하는 당신

꽃이 활짝 피어나듯
환한 웃음
음식이 보약이라고
제철 음식 즐기며
감사하는 당신

당신이 아니면
오늘 내가 있을까
늘 겸손한 사람
무병장수할 인물

찬란한 봄처럼

추억밖엔
좋은 것 없다는데
잃어버리지
말아야 할
좋은 추억
자꾸 잊어 가네

별일 없는 나날
이맛살 주름 늘고
먹구름 추억
웃음 잊게 하지만
좋은 추억의 감성으로
무사 무탈 기원

찬란한 봄처럼
많이 사랑하고 웃고 사세

적당한 선

하늘을 나는 새들도
하늘의 뜻 거스를 수 없듯

텅 빈 하늘 우주 끝까지
마음대로 날면서

영혼의 길 만드는
자유로운 운명이 되어도

하던 일 하고
가던 길 가는 이치

너무 지나친 것은
모자람만 못하다고 하는 진실

우리네 인심

그늘이 지면
누렇게 떡잎 지는
나무 세상
잔디 세상처럼

누구든 길 막으면
큰코 다친다고 하고
쓴소리를 들으면
분노한다는 사람

인물은 인물답게
열린 마음의 문 열고
누가 뭐라든
남에게 돌 던지지 말자

벼르는 말이라도
불쑥불쑥 던지면
돌아서는 인심

나눔의 미덕

오는 정 가는 정
정으로 살아가는 세상
나눌 것이 없을 때는
꽃 한 송이라도 나누며 살자

사람은 이기심 많은
속물이라지만
개일 때나 흐릴 때
작은 우주에 화음 이루며
둥글둥글 적응

빈손으로 왔다
빈손으로 가는 인생
꽃 한 송이라도 감사하며 살자

하늘에 구름처럼

하늘에 구름
모이고 모여서
형상을 만들듯

세상의 사람은
모이고 모여서
존재의 의미를 찾는다

우리의 만남
하나의 조직을 형성
큰 꿈을 꾸는 우리

하늘에 구름처럼
자연스런 이름탄생
우리는 우리의 역사를 만든다

꽃향기 6 (53.0×45.5cm)

책 속에 처방전

안되는 것을 되게 하라
만사형통 꽃무지개 될 줄

책 속에 처방전

돌 틈 사이 난잎 하나
비 오고 바람 불고
푸른 청춘 다 보내고야
인생의 의미를 알았네

내 마음 깊은 곳
지는 해와
책에 빠져 시간 보내니
세상 진리가 있었네

책 속에서 찾은 지혜로움
나에게 평화를 주소서
안 되는 것을 되게 하라
만사형통 꽃무지개 될 줄

당신

늘 칭찬을 아끼지 않고
아낌없이 응원해 주며

천방지축 떠들어도
내 마음 알아주는 당신

해와 달이 잠든 밤
음악에 맞추어 춤을 추게 해주고

고달픈 하루가 저물고
당신 팔에 누울 때

한결같이 사랑해 주며
오래도록 감싸 안아 준 사람

우리 집 순이

불어오는 바람결에
지나온 시간 되새기며
길을 만들고
길을 가는 우리

글자가 모여 말을 만들고
생각이 모여 이름을 짓고
공감하고 찬성하면
누구든 따르게 되는 세상

세상 만물 수많은 이름 중
왠지 거리감 느껴
한때 동화 속 이름처럼
고쳐 부르고 싶었던 내 이름

정들면 고향인 것처럼
이젠 정정 정들은 순이

살림 솜씨

나에게 희망을 주소서
꿈을 안고 집구경을 한다

일은 해도 해도 끝이 없다고
치워 주어야 편해질 것 같은 집

살림은 이렇게 하는 거다
살림 솜씨가 돋보이는 집

완벽하게 정리 정돈된
견본 주택처럼 보이는 집

내 맘에 드는 집 꼭 사서
살림 솜씨 보여주고 싶다

추억의 드라이브

정겨운 길을 달린다
여기가 거긴지
거기가 여기인지
시골이 시골이 아니네

달라지는 게 정상인 것처럼
정든 집은 사라지고
번듯한 양옥집만 즐비한
산과 들에 낯선 풍경

내 세상
네 세상처럼
변화의 세상에
운전대가 휘청휘청

추억의 그림자 안고
영원히 지옥 갈 뻔한 순정녀

출가외인

정월 명절이 되면
안방 방바닥 불붙는다
엄마는 조청 끓이고
할머니는 부침질하고
작은엄마는 놋그릇 닦고
제사 준비에 바쁘던 우리 집

딸은 출가외인이라고
제사 참석 못 하고
족보에도 올리지 않았는데
종갓집으로 출가해
족보에도 올라가고
제사에 술잔 올리는 나는 종부

옛말 틀린 말 없다지만
요즘은 아들이 출가외인이랍니다

황금기

길섶에 차를 세운다
아무도 아는 얼굴 없는데
탐스럽게 피어나는 꽃처럼
누군가 유혹하고 싶은 뜨거움

견우와 직녀처럼
피할 수 없는 운명 앞에
한 아름 꽃처럼
가까이 오던 그대

장미도 한철이라고
그 사랑 불태우고 싶었는데
영원할 수 없는 열정
바람 속에 그때가 황금기

어느 작가의 고백

한 상자 가득
혹시 하고 한 장씩 살피는데
작품 될 만 한 사진
거의 없다면
누구에게 책임 물을까

젊어 한때 열심히 찍은
많은 양의 사진
간직한 세월 얼마인데
하루아침 떠나보내면서
그이에게 미안한 생각이 들까

때늦은 후회
저울질해 본
내 눈높이
이럴 걸 왜
풍경에 빠져 사진사 되었을까

어디로 갈 것인가

푸른 산 푸른 물에
마음을 헹구어 보니
서로 다르므로 공존하는 세상

몸과 마음 왕성한
한참 절정기에는
명성 떨치게 될 줄 알았는데

창의력 잠재력 깨우며
늘 배움 가까이 한 이 사람
한때는 오색찬란한 단풍이었는데

밤낮없이 학업에 매진할 때도
초록 향연 베풀 때도 있었건만
해는 저물고 어디로 갈 것인가
지금이 최대 위기

개미처럼

벌써 봄은 오는가
손꼽아 보니 아득한 세월
내가 가면 얼마나 가고
내가 알면 얼마나 알고
내가 하면 얼마나 하겠니

내 눈에 흐르는 눈물
개미처럼 일했는데
내가 노력한 것보다
낮은 대우받고 살았다고
남들과 비교해 보는 어느 날

체면 말이 아니지만
얼마만큼 도움이 된 건지
내 그릇이 얼만큼인지
생긴 대로 산다면
나만큼 행복하게 산다면

정해진 운명

고요한 산길 걸으며
우거진 나무 사이로
매미 소리 정겹던
고향의 여름

방학 때면 언니 따라
고사리 같은 손으로
아차산 흐르는 계곡물에
빨래한 기억은 있는데

높은 산 정상엔
다 크도록 간 적 없다면
엄마도 언니도 몰랐을까

지척에 두고
모르고 못 가본 곳
어디 산 정상뿐이랴

수줍은 여자

인생의 탑 쌓으며
마당발인 나는
사계절 동분서주
남편을 혼자 둘 때가 많았다

수화기 들고
방문 열고
종종 기다려도
이젠 달밤에 빈 항아리

세상과 타협하며
혼자가 익숙해진 건
참을 수 있는데
적막을 깨고 혼자 말한다

너 뭐 먹고 싶니
너 뭐 사줄까
허허로움을 즐기는
수줍은 여자의 황혼

성격

내 마음의 창밖
아는 길도 물어가라고
모르면 물어보면 될 것을

남몰래 간직한 꿈
묻기도 말하기도
싫어하는 성격

새하얀 꽃들에 취해
바로 곁에다 두고
기억을 안고 돌고 돌았다

타고난 성격 누구 탓할까
사계절 흔들며
한두 번 아닌 헛고생

이별 연습

당신이 개척해 가는 길
열심히 따라 걸어도
길고 짧고
좁혀지지 않는 거리 차
심장이 터질 듯
가족 사랑 등에 업고
바람 맞서며
붙어 다닐 때가 많던 젊음
내 맘의 온도는 뜨겁고
최후의 승자처럼
누가 봐도 아름다웠는데

뜨겁던 젊음은 가고
생과 사의 갈림길
이별 연습 중인지
베일에 싸여
해와 달처럼 사는데
달밤에 분홍치마 입어 볼까

웃기던 친구

웃으며 찍은
옛날 사진 보니
내가 봐도 너무 예쁘다

웃음은 기적의 시작이라는데
사진 찍을 때만
방긋 웃는 나

기적 만들고 싶어도
웃을 일도 없고
웃길 일도 없는 나

재미있게 얘기해도 웃지 않고
재미있는 얘기도 할 줄 모른다고
재미없는 친구라고

그렇게 웃던 친구는 무얼 하는지

별이 되고 싶다

얼마나 시간이 흘렀던가
눈에서 멀어지면
마음도 멀어진다고 했는데

새벽하늘 별처럼
늘 반겨 주시던 부처님
오늘도 기다리고 계실까
등을 돌리셨을까

부처님 무언의 말씀 속
그리움 가슴 깊이 새기며
가던 길 향해
책상 앞에 자리 편다

연둣빛 등불 되어
세상의 별이 되고 싶은 사람

고요 속에 싹트는 사랑

무엇이든 다른 것이
인성이라면
남보다 무엇이 다를까

늘 가던 그 시간
매일 잠을 깨우는 햇살과
하루 한나절 걷는 길

어느 때보다 새롭게
완전 고요 속에
빠져드는 감성적인 사랑

잔뜩 흐린 날씨 탓일까
아직 청춘일까

세상과 씨름 중

춤을 추어도 좋을
따듯한 햇살 아래
누군가 곁에 두고 싶은데
보고픈 친구들 멀어져 가네

언제 다시 만날 수 있을까

그리움에 지쳐 가는 나날

옷장에 아끼는 옷도
신발장에 구두도
나만 기다리는데

내 사랑은 무얼 하고 있을까

예술인

예술가의 길에서
배로 힘들었던 내 꿈
꽃피울 날만 기다리는데
금송아지라도 매달리지 말자

천만다행 취미 있어
무료하지 않은 나날
옷매무새 가다듬고
꾸준히 내 자리 지키면서

내 사랑 날개 펴는 날
만년 꽃 되어 살아보자

물결치는 욕망

수틀에 수를 놓아본다
무엇을 그릴 것인가
수많은 꿈을 그리다가
그림도 시도 배웠다

떠오르는 햇살처럼
가던 길 가면서
언덕을 넘으니
해 저무는 갈래 길

이런 날 올 줄 진작 알았다면
조금 더 높은 곳을 향하여
목표를 설정할 것을
해낼 수 있는 꿈이었는데

기다려 주지 않는
세월인지 모르고
자신이 노력한 것보다
너무 낮게 왜 자신을 평가했을까

꽃향기 7 (45.5×37.9cm)

건강이 최고

복 받은 인생
최고의 건강으로 최고가 되자

건강이 최고

승자가 되기 위한 노력
춤추는 데 가면
춤 잘 추는 사람이 인기고
노래 부르는 데 가면
노래 잘하는 사람이 인기다

눈부신 봄꽃처럼
예쁘지 못해도
가을 곡식처럼 익으면
꿈은 이루어진다고
최고를 꿈꾸던 능력 있는 사람

이젠 어디 가든 양보받고
지쳐 보이는 듯한 나이
그냥저냥 즐겁게
복받은 인생
최고의 건강으로 최고가 되자

묶어 놓은 시간

가지 끝에 매달린 한 송이 꽃
마음 묶이고 발도 묶였네
눈으로 가득한 그리움
생각뿐
마음뿐

바람 불어 쓸쓸한 거리
어둠이 기웃거리니
맛난 음식 나누고 싶어도
마음뿐
생각뿐

강물처럼 흐르는 세월
꽃은 시들어 가는데
숙제처럼 남아 있는
못다 한 사랑 보고 싶어 어쩌냐
남아도는 시간 어쩌면 좋으냐

세상인심

작은 바람에도
춤을 추는 세상

가진 만큼
누리고

배운 만큼
대접받고

아는 만큼
인정받는데

무임승차 없고
절대 공짜 없는 세상

가는 정 오는 정

우리의 꿈

순백의 마음
너 하고 싶은 게 뭐니
공부가 하고 싶어요

너 무얼 갖고 싶니
가방이 갖고 싶어요

너 무엇이 되고 싶니
나비가 되고 싶어요

하고 싶으면 하면 되고
사고 싶으면 사면 된다

긴 노력의 세월
흉내 낼 수는 있어도
안 되는 것이 있다면

포기할 건 포기해야 열리는 길

운명

시간이야
가든지 말든지
훌훌 떠나
훨훨 날아
산이든 어디든
가면 된다

마음대로
오고 가고
마음대로
먹고 자고
길 찾아 풍경 찾아
하염없이 떠나보지만

해 질 녘이면
제자리를 지켜야 할 운명

운명에 순응해야 내가 있다

사람 사는 세상

하늘의 뜻
거슬릴 수 없어
부모님 주신만큼
배운 만큼 살았다

그럴 수도
힘들 수도
화날 수도
환경이 중요할 수 있겠구나

배운 대로
가르침대로
마음 시키는 대로 살지만
맘에 안 들 수도 있겠구나

사람은 사람답게
남의 등 빌리지 않고
최고가 되기 위해
최선을 다하는 것이 최선

소낙비

소낙비가 쏟아진다
친구들은 엄마가 들고 온
우산을 쓰고 하교했는데
뿔이나 쏟아지는 낙숫물에
몸을 흠뻑 적시고 들어갔다

소낙비가 쏟아진다
우산 준비 못 했는데
길 가던 사람이
길을 묻더니
같이 가자고 해 비를 피했다

우산 갖다 줄 엄마도 없고
우산 씌워 줄 사람도 없는데
하늘 같은 남편 천둥 칠 때면
한밤중 술래잡기했다

일기예보 살폈다면 좋았을걸

고독한 시인

밤낮으로
혼자도 잘 노는 순이
혼자가 좋아서
혼자 노는 게 아니다

혼자보다 둘이 좋고
둘보다 셋이 좋은걸
몰라서도 아니다

고기도 먹던 사람이 먹고
노는 것도 노는 사람이 논다고
하나만 생각하는 나는 고독이

한참 때 자주 울리던
수화기 먹통 되어도
취미가 있어 천만다행

감정의 동물

동물을 사랑하고
따르게 하는 것도 재주일까
존경스럽고 부러워하면서
대문 큰 우리 집을 생각한다

키우고 싶어 품에 안고 와
정성껏 잘 해 주었는데
대문 열리면 도망가고
울부짖다 쫓겨간 멍이

너는 이유 없이
그냥 울었을까
동물이나 사람이나
감정의 동물

부대끼는 심장 소리
가방 싸고 싶을 때도
울고 싶을 때도 있지 않았을까

백 세 인생

산으로
숲으로
강으로
나이답게 마음 비운다

산이 좋아 산을 오른다
세상천지
힘들어도
잠깐인걸

걷고 또 걷고
풍요 속에 물들어
누 죽 걸 산
익숙하게 만 보 길들이니

문제없다 백 세 인생

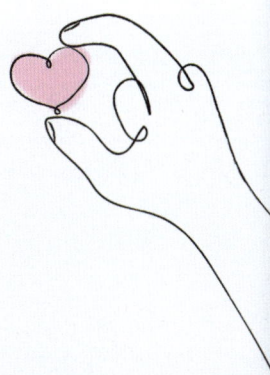

태양 같은 그대

내 사랑 눈이 부시다
쳐다보지 못할 만큼
품에 안기면 가슴이 뛴다
심장이 터질 만큼
독차지 하고 싶던 그대
뜨겁다 식었다
내 마음 같지 않다는 걸
왜 몰랐을까

뜨겁게 안아 줄 때도 있지만
꼭꼭 숨어 나 찾아보라
할 때도 있는 그대
눈비도 추위도 막아 주고
사랑할 줄 알았는데
달 밝은 남산에서
목숨 걸고 사랑한다던
그 약속 잊었는지

가화만사성

희망이 꽃 피어나던 청춘
우연히 만난 남자가 잘생겼다
잘 생기고 부자였으면
더 바랄 것 없었을 텐데
알고도 모를
사랑은 왜 해
고달프다 했는지

억울하다
생각하니
나만 억울할까
가화만사성 걸어 놓고
꽃향기 풍기는 저택에서
인물값하고 사는데
빛바랜 세월의 영혼
더 바랄 것 없이 자유로운지

원인 제공

요묘하고 신비하게
머리가 지끈 아파 온다
흰밥에 먹으면 맛있을
더덕구이 배추김치
밥이 보약이라는데
밥상에 밥은 없고 반찬뿐

온갖 풍상 겪으며
스트레스 때문
머리가 아픈 건
처음 있는 일
달나라 가든지 말든지
약상자 가득
원인 제공 한 사람은 바로 너

순정의 여인

이젠 사랑할 수 있을까
나에게 묻는다
뜨거움은 사라지고
마음뿐인데
내 마음 믿을 수 있을까

급격히 떨어지는
사랑의 온도
멋진 신사 만나면
사랑할 수 있을까
불붙이면 꽃이 될 수 있을까

수없이 흘러간 약속
사랑 떠나서는
살 수 없을 줄 알았는데

장미의 사랑

아름다운 장미가
쉽게 꺾이지 않는 걸
모르시나 보다

마음이 움직여야
몸이 따라가는 걸
모르시나 보다

속삭임의 유혹
분위기에 취하고 싶은 걸
모르시나 보다

달 밝은 밤
배낭 내려놓고
한번 태워 볼까

기다려지는 사람

소나무와 소나무가
어깨춤을 추는
좁은 산책로
사람이 지나간다
그 사람이 아닐까
기다려지는 시간

오가는 길목에
우연히 마주쳐
처음 눈인사했는데
약속 없이 매일 만나니
혹시 인연이었을까
기다려지는 사람

나도 너도
보석을 몰라본 건 아닌지

익숙해진 일

산 좋고 물 좋고
경치 좋은 곳에서
평화를 누리고 싶은
지난 기억의 창 열어 보니
좋고 나쁘고 생각 차이

아무리 인심이 좋고
희망을 안고 살아도
집이 일이고 사람이 일
일이 우선이 되어
빗자루 드는 빛과 어둠 사이

익숙해진 습관
사랑보다 일하는 재미로 산
일복 많은 사람

여인의 일생

고단한 삶을 끌고 가는
일터이기도 하고
쉼터이기도 한 우리 집
당신이 집에서 쉬는 날은
정성껏 끼니 챙기며
당신은 왕처럼 나는 일순이처럼

스산한 바람결에
담장 뛰어넘으려 해도
올망졸망 자식 보고 참았는데
점점 일은 줄고 낮잠 즐기는 여자
이렇게 쨍하고 해뜰 날 오다니
일찍 간 사람 안됐다

대접받고 싶다면
오래 살고 볼 일

진달래꽃

고개 넘어 달리다 보니
샘솟는 그리움

사랑 하나 없다고 하면 믿을까
하늘 두고 당당할 수 있을까

바람에 흔들리는
피어오르던 설렘

우리의 인연
하늘의 뜻일까

꼭꼭 숨겨 둔 보석처럼
가끔 보고픈 꽃 사랑

극장 구경

찬 바람 불어 참 좋은 날
알 수 없는 그리움과
극장에 간다

버스 타고 멀리 가
명작을 보려고
줄 서던 옛날과 달리
삶이 지루하게 느껴지면
약속없이 극장에 간다

혼자서 보는 영화
행복지수 떨어질 수 있지만
가슴이 콩닥콩닥
젊음의 구속보다
보상받는 여유가 좋다

꽃그림자3 (45.5×37.9cm)

기억의 창 열어보니

황혼의 블루스
한참 좋다 만 것 같다면

기억의 창 열어 보니

한 참 장난기 발동하던
철없는 시절
참 어리석었다면

바쁜 숨 몰아쉬던
젊음의 열기
많은 것에 욕심부렸다면

노래하며 꽃처럼 살고 싶던
황혼의 블루스
한참 좋다 만 것 같다면

덩굴장미

담장 넘어
그리움에
굳어진 허리
따져 물을 필요 있을까

담장 밑에
뿌리 박고
추위도 바람도 참으며
당신의 꽃으로 살지만

주인 모를
기다림의 연민
내 사랑은
늘 하늘 해바라기

뒤바뀐 입장

모두 잠들어 있는 듯 고요한 밤
TV 소리에 잠이 깨어보니
그이가 채널을 돌리고 있었다
드라마를 보고 있는 그이에게
"시끄러워 잠이 안 와요
남 생각도 좀 해야지"
그이는 불을 끄고 잠들었는데
나는 정작 잠들지 못하고
조용히 책장을 넘기며
가닥이 잡히지 않아
차일피일 미뤄왔던 글을 쓴다
항상 고마운 사람
불씨 붙여 주고 당겨주는
그이가 없었다면
글 쓰는 내가 있었을까

쓴웃음 지으며
뒤바뀐 입장 생각해 본다

추억의 발자취

하얀 눈 속에 묻힌
먼 산 바라보며
뽀드득 뽀드득
나의 흔적을 남긴다

뽀드득 뽀드득
짐승의 발자국도 있고
누구의 발자국도 있는데
그대 발자국은 어디 있을까

흔적의 동물은
발자취를 남긴다고
발자취를 따라
눈 경치에 취해 본 낭만

눈이 오거나 비가 오거나
점점 무뎌지는 감성
그대와 눈길을 걷고 싶다
첫사랑 그날처럼

생일 선물

석양에 배 떨어져
몸을 맡기니
사정없이 달리는 세월

나이 앞에 장사 없다고
태양이 물러간 세상
언덕 오르니 숨이 차네

갖고 싶은 것도 있고
사고 싶은 것도 많은
누가 알까 내 사정

올해는 선물도 못 받았다
당신도 해 주고
내가 나에게 주던 선물

다 옛날얘기 되어 가는구나

해바라기의 고백

흘러내리는
저 빗줄기 따라
순간순간
돌풍 불던 날

비명에 파편 같은
진실의 탈을 벗고
애정인지 애증인지
날아오던 돌팔매

소주잔에 가득한 그리움
내 자리는 없구나
썰물인지 밀물인지
파도는 말이 없고

달콤한 과자처럼

맘껏 보면 좋겠다
너를 한번 만나면
끝없는 사랑의 손길
행복감이 전달되는 너

때묻지 않은 꿈
예쁘고 사랑스러운
방실방실 아기처럼
자꾸만 손이 가는 너

가끔 만나고 싶고
순간 사랑하고픈
잊지 못할 기쁨이지만
너만큼만 사랑해야지

인생 신호등

푸른 하늘 보며
대문을 나서는 날은
몇 번씩 부딪치고 만나는
빨간불 파란불
깜박깜박 신호가 떨어지면
급할 이유도 없는데
왜 달리려
마음보다 몸이 앞서가는지

인생의 빨간불도
신호등의 빨간불도
우리 삶의 일상
품위 있게
우선멈춤 마음 비우세요

어디엔가 지켜보고 있는 세상

참고 산다는 것은

참을 인
잊고 사는지
좌충우돌
평범하지 않은 사람
참을 인 세 번 외쳐보자
덜 부딪치고 살아보자

참을 때 참지 못 해
지우고 싶고
등 돌리고 싶은
이름이 된다면
알뜰살뜰 살아온 인생
물거품 되는 세상

사람의 마음도 헤아리고
긍정적으로 살아보자

인생은 연기

하루 시작으로
푸른 숲길
산을 오르면
짹짹 짹짹
상냥한 너를
누가 사랑하지 않으리

가슴에 묻어 둔
잠재력 깨우며
나도 너처럼
상냥한 목소리로
뛰어나가 반기는 척하면

꽃다발 한 아름 안기지 않으리

여름의 합창

울창한 숲속 저 멀리
뜨겁게 여름을 노래하는
매미의 합창

목청껏
힘을 다해
짝을 찾다니

맴맴 스르르 맴맴
애절하게 얻은 사랑
등지고 떠난다는 매미

운명이라면
영원할 수 없는 사랑
익숙하게 지켜볼 수밖에 없구나

포기

창공을 나는 새들처럼
남들은 잘도 가는 이사철
능력 없으면
생각도 못 하겠지만
황혼의 길목에서
더 늦기 전 이사 해
노후를 맞고 싶었다

사람이 하는 일
안 될 일 아니건만
노후 된 집에 사는 것도
수리하는 것도 큰일
영원할 줄 알았던
내 사랑은 이미
찬 바람 속에
기우는 해
정답 아닌 정답 길을 잃었다

목적지

기다리는 것도
익숙해져야 하는데

왜 그리 바쁜가
무엇이 그리 급한가

돌고 도는 시간인데
무엇 때문에 초를 다투는가
봄
여름
가을
겨울
항상 조심조심
우리 자신이 만들어 가는 인생
욕심내어 급히 서두르지 말자

시인의 일생

온몸으로 말하는 언어들
하늘 명령을 받았는데
버린다고 버려도
버릴 수 없는 욕망
아무리 내려놓는다 해도
꿈은 살아 꿈틀거린다
내년에도 눈보라 치는
겨울을 만날 수 있을까
건강의 적신호 느끼며
꿈에 매달리던 오후

저승사자 따라 먼저 간
최 시인님 생각에 눈물 났다
얼마나 힘드셨을까
병마와 씨름 중에도
목마름 감추고
시집 만들어 나누시던 최 시인님
하늘에서도 시를 쓰실까

(불교문학 고문 최학 시인님을 그리며)

혼비백산

바람 불고 눈보라 속에
쉼표를 찍고 싶은 내 육신
글과 씨름하는 나에게
가끔 전화 주시어
나이 생각하라고 했는데

나이도 잊고
작품에 몰두하다
혼비백산
갑자기 이승을 떠난
안 작가님 생각났다

남편이 경복궁에서 큰상 받는 날
안타깝게 암 투병 중에도
달려와 축하해 주시며
형수님이라 부르던 안 작가님
하늘에서도 내 걱정하실까

(불교문학 안차희 부회장님을 그리며)

잠든 영혼에게

필연인 것처럼
식지 않는 열정
가끔 감동 주시더니
다시 못 올 길 가셨네

나를 버리는 건 좋지만
세상을 버리다니
낙엽의 영혼처럼
이별 연습이라도 할걸

꼭 만나고 싶다고
전화벨 울리던
그 목소리
마지막 될 줄이야

뛰어난 글솜씨
다시 볼 수 없게 된다니
산도 만나고 강도 보고
극락왕생 좋은 길 가시옵소서

(성낙서 대기자님을 그리며)

참혹한 참사

흔들림이 심했던 순간
얼마나 두려웠을까
얼마나 놀라웠을까
비극적 참사를 당한
영혼에게
하얀 국화 한 송이 올리며
명복을 빌어본다

무슨 말로 위로할 수 있을까
안타까움 속에
많은 조문객
애도의 눈물
물결 되어 흐르는 연말
다시는 볼 수 없는
가족 잃은 슬픈 유족들
힘내라 힘내
태양은 붉게 떠오른다

(무안공항 참사에 부쳐)

피었다 지는 꽃

오가는 바람 속
흘린 눈물 얼마일까

더 살아야지
강인한 생명력

몸과 마음 서서히 늪에 빠져
푸른 바다로 뛰어들듯

절벽에서 발버둥치는 두 얼굴
사랑하며 살고 싶습니다

하느님! 구원의 손길을 주소서

밀려오는 파도

사랑하는 딸 보내고
눈물 마르지도 않았는데
동생의 암 선고에
놀란 가슴

땅을 치고 통곡할 일이다

꼭 이겨야 한다
어둠을 뚫고
봄꽃처럼 피어나
감동의 눈물 흘리게 해다오

한창 재미있게 살 나이
아직 청춘인데
한쪽 팔 떨어지듯 아린 가슴
저 빗줄기만큼 처량하고 슬프구나

(동생을 그리며)

내 편 내 사랑

팔현리 호숫가 카페
멋진 풍경에 빠져
커피 한 잔 마시는데
"언니 건강이 최고야 몸 아껴"
언니 염려해 주던
동생이었는데
갑자기 입원했다고 하니
걱정이 태산이다

하루하루
꼭 낫게 해 달라는
가족의 기도와
하느님 큰사랑 속에
꼭 일어설 거라 믿었는데
큰 병에 장사 없다고
속절없는 세상 버리고
천 길 불 속으로 떠나다니
내 편 내 사랑
이젠 편히 부디 안식하소서

(동생을 그리며)

꽃그림자2 (45.5×37.9cm)

기를 맑게 해 주는 나무

기운을 순환시켜
꿈을 만나 자신감 얻게 될 것이다

기를 맑게 해 주는 나무

숲길 따라 걷고 또 걸으면
자연과 교류하게 되고
온몸으로 이야기하는
나무를 만나게 된다

흙과 바람과 소통하는
나무를 쓰다듬으며
친근감을 느끼고
무슨 말이든 해 보라

나무에서 뿜어나오는 피톤치드
기를 맑게 해 주며
기운을 순환시켜
꿈을 만나 자신감 얻게 될 것이다

가족 사랑

산이라는 넓은 무대 위
많은 공연 펼쳐지는
바람의 축제
온 세상을 향기롭게 하는 산

소나무와 소나무 사이
다정한 너와 내가
부부가 된 것처럼
가족 사랑이 숨쉬는 산

춤추는 나무야 나무야
뿌리 깊이 박고
마주 잡은 손 놓지 말고
재미있게 살아라

바람막이 형제

시작종이 울린다
한 줌의 햇살과
산을 오르는 발걸음 가볍네

정들면 고향이라고
따듯한 추억이 서려 있는
고요 속의 산마루

허공에 탑을 세워 놓듯
나무들의 팔 벌림
한 가족 형제 같네

소나무는 혼자보다
바람막이 형제가 있어
좋은 걸 얼마나 알까

나무의 일생

햇살 한 자락
소망을 안고
뿌리 내린 나무
맺지 못할 인연처럼
키만 커지면 잘라대니
나뭇가지마다
서릿발 돋아도
한때 사랑받던
기억을 안고 사는 나무

자연에 적응하며
잘 나갈 때도 있었는데
때를 못 만난 사람처럼
뜻대로 살기 힘든 세상
어쩌다 밉상이 되었을까
햇살 듬뿍
산소 옆에 잔디
너는 비교의 의미를 알까

극복의 천재

쏟아지는 눈물
누가 너를
그렇게 아프게 했니
얼마나 아팠을까

바람에 맞서
말도 못 하고
사람은 속이 타다 못 해
병이 된다는데

버티기 힘들게
누가 그렇게 괴롭혔니
의사 치료받으면서
얼마나 힘들었을까

세찬 눈 비바람에
몇 겹의 옷을 두르고
극복하느라 참 애썼다
사랑하는 나무야 힘내

욕심꾸러기

푸른 산은 나무들의 세상
좋은 땅에 뿌리내리고
좋은 이웃과 더불어
씩씩하던 나무

자기가 최고인 줄 알았는데
돋보이는 친구를 보니
마음 뒤틀리면서
균형이 무너지는 너

남의 자리 탐내지 말고
그 자리에서
그만큼만 누리고 살면
100년도 더 살 텐데

중심 잃고 기울기 시작
비명을 지르기 직전이다

마음 정화되는 산

위풍당당
산을 오른다
계단을 오른다

도란도란
마음이
정화되는 산

하늘과 땅
만나는 그 순간
너는 진정 나의 벗

친정 식구처럼
푸근한 네 곁에
살림 차리면 좋을까

산은 나의 구세주

구름도 쉬어 가는
평화로운 산

너를 만났을 때
누구보다 좋았다

너를 가까이했을 때
누구보다 포근했다

모든 걸 내어 주고
외로움도 안아 주는

너는 내 꿈
나의 구세주

내 마음

감성적일 때도
평온할 때도

햇살 가득할 때도
구름 낄 때도

비바람 칠 때도
눈보라 칠 때도 있고

흐렸다 개였다
개였다 흐렸다

나는 하늘 닮았다

낭만의 산

물 흐르는 소리 들으며
물 흐르듯 살자
마음 비우며 산을 오른다

그늘 만들어 주고
추억 만들어 주고
낭만을 주는 산

산은 짐승들의
삶의 터전이자
쉼터이고 놀이터

온갖 먹거리
열매를 내어 주는
나무 너는 내 친구

산마루에 서서

하늘 가까이 보이는 산
속삭이는 새소리 들으며
정든 산을 걷는다

외로이 오르는 산길은
언젠가 만날 당신 그리며
생각할 시간 필요하기 때문일까

부채질하는 바람
휘날리는 꽃잎과 하나 되어
안개 낀 마음 열고
도시락 풀어
혼자 즐기는 산책
소풍 기분 내어 본다

생존의 법칙

호박이 하늘에 달렸다
생존을 위한 몸부림
땅이 울고 있다

장대같이 키 큰
소나무 줄기 타고
해를 따라가
귀한 열매를 맺다니

너를 발견한 나도
환경에 적응한 너도
감탄할 만하구나

까마득히 오르고 올라
꽃피우고 열매 맺어
하늘 호박이 되다니

평범한 사람

번뇌를 물리치고자
집착하는 마음 버리고자
마음공부를 했다
수행했다

법정 스님의 말씀
많은 것을 버리고
더 큰 것을 버렸을 때
더 많이 채울 수 있다 하셨는데

평범한 나는
무슨 이유인지
참으로 흥은 많지만
큰돈은 벌 줄도 쓸 줄도 모른다

내려놓지 못한 생각
무게 잡다만 무게
분수껏 베풀고 살지만
쓰고 후회하는 푼수는 아니다

무르익은 사랑

살포시 바람 속을 달리며
삼삼오오 나들이를 즐기던 봄
한참 잘 나갈 때는
너 때문에
되는 것이 없다고 했는데
된 것도 안 된 것도 없고
하고 싶은 것도 잊어가는 황혼

새로운 것은
눈에 들어오지 않고
무르익은 동작과
오래 친숙해진 너
건강을 지켜준
너 때문에 행복한데
우정에 금 가지 않게
힘 좀 실어주렴

성공적인 하루

완연한 봄날
자연 속에 푸름과
골프 즐기던 하루
지난주는 바람이
차가웠는데 미련 맞게 입고
더워 혼나고
골프 안 맞아 혼났다

삼박자가 맞아야 한다는
알고도 모를 골프
무사히 끝내고
햇살 가득
새로운 만남의
신비로움과
하늘 나는 기분이 되었다면

영덕 고래불 해수욕장

혼자 그렇게
앉아 있고 싶었을까
혼자 분위기 잡고
낭만에 취하고 싶었을까

놓아당 종가에서
시제를 마치고
사랑하는 동서와 딸들
바닷가 명소를 찾았다

감탄사가 나올 만큼
청정지역 바다에 취해
기쁨 가득 커피를 음미
백사장 거닐며 행복을 찍었다

마음껏 날개 펴고
푸른 바다를 날고 싶어
모래밭에 글씨를 쓴다
다음엔 꼭 혼자 와야지

그리운 아버지

산 좋고 물 맑은
아차산 정기를 받고
고등학교에 입학했다
중간고사 성적표 보여드리니
아주 좋아하시면서
아버지가 용돈 좀 줄까
금고처럼 생긴 나무 괘에서
3천 원을 꺼내 주셨다
큰돈을 받아 무척 기뻤는데
그 해를 못 넘기고
생일 전날 하늘 가신 아버지
사랑하는 딸이 시인이 되어
시집을 낸다고 하면
얼마나 기뻐하실까
참 잘했다 수고했다
나무 괘를 여셨을 텐데
칭찬받던 기억이 새롭다
꿈에라도 한번 보고 싶은 아버지

(정석조 아버님을 그리며)

편집후기

〈회상〉

기회는 한 번뿐
때를 놓치지 말아야지

춤도 추고 뛰기도 했지만
멀고도 먼 유명인의 길

때가 있다는 말
실감나네

청춘이 영원한 줄 알았는데
찬란한 봄은 어디로 갔을까

   봄은 아름답지만 빨리 가버리고 한여름 무더위는 참을만하지만, 가을이 오고 또 금방 겨울이 됩니다. 점점 빠르게 느껴지는 사계절 속에서, 한겨울을 보내려니 꽁꽁 얼어붙은 몸과 마음이 문을 열고 뛰어나가고 싶어도 한겨울에 태어나 추위 공포증이 있는 나는 꼼짝하지 않고 하루 종일 침대에 누워 텔레비전만 쳐다보는데, 이렇게 살아서 무엇하나? 삶의 의욕도 없고 입맛도 잃었습니다.
   하지만 벌떡 일어나 용기 내어 컴퓨터 앞에 자리잡고 앉아 지난번에 시집을 엮고 탈락한 시를 찾아 뱃머리를 틀기 시작합니다.

"고등어든 멸치든 잡아보자." 낚시꾼이 낚시하는 것처럼 한편 한편 시를 보니 시어가 자꾸 떠올랐습니다. 2024년에서 2025년을 달리면서 일찍 일어나 시간 보낸 결과, 한 권 분량의 시가 탄생하니 습관처럼 시집을 만들고 싶어 욕심을 부려 봅니다.

〈청춘이 영원한 줄 알았는데 찬란한 봄은 어디로 갔을까?〉
이제는 되돌릴 수 없는 봄이지만 아직 청춘의 감성이 살아 있어 행복한 이 사람! 앞서거니 뒤서거니 시와 그림을 사랑하며 무의식중에 도전한 날들, 둘도 모르고 하나만을 고집하며 빠르게 변화하는 세월 앞에 찬란한 봄을 맞아 정열의 꽃피운 날들 돌아보니 "참 잘했다." 자신을 인정하고 칭찬받고 싶었습니다. 시를 쓰면서 컴퓨터 앞에 오래 앉아 있으려니 힘들었지만, 18번째 시집 회상을 엮게 되어 기쁘게 생각합니다.

"이번 시집을 만들게 용기를 주고, 이 사람이 오늘이 있기까지 관심으로 늘 지켜봐 주고 힘이 되어 준 농아당 13대 종손 박신일 회장님께 감사드립니다. 또 열심히 제자리 지키며 최선을 다해 삶을 이끌어가는 큰딸 박진희, 둘째 딸 박선희, 셋째 딸 박소희, 아들 박동형에게 늘 사랑하는 마음과 고마움을 전합니다.
사랑하는 가족과 지인들께 가정의 평화와 함께 건강하시기를 '기원하면서' 부족한 글이지만 많이 사랑해 주시기를 바랍니다.

봉화산 자락에서 예초 정정순

그림과 시(詩)로
행복과 힐링을 전한다

지난달 14일 서울시 용산구 백범김구기념관 대회의실에서 '2024 대한민국 국가미술특별초대전' 초대작가 시상 및 초대작가 인증서 수여식이 성황리에 개최됐다. 대한민국국가미술원과 (사)한국언론사협회 및 K스타저널이 주최한 2024 대한민국 국가미술특별초대전은 (사)한국미술협회 정회원과 국내외 저명한 미술인 작가들을 특별초대해 미술 한류 바람을 일으켜 대한민국 국가 미술발전에 이바지하고자 기획됐다. 이날 '국가 미술 최우수 작가상' 수상의 영예는 예초 정정순 작가(이하 '정정순 작가')에게 돌아가 화제를 모았다. 본지에서는 화려한 색감과 독창적 화풍을 통해 수많은 관람객에게 행복해질 수 있는 희망을 전하고 있는 정정순 작가를 인터뷰했다.

정정순 작가는 대한민국 예술계에서 자신의 고유 영역을 독보적으로 확보 중인 몇 안 되는 인물이다. 그녀는 그림과 시(詩)라는 다른 예술 장르를 자신만의 개성으로 풀어내며 두 분야에서 모두 뚜렷한 발자취를 남기고 있다. 화가이자 시인인 정정순 작가는 때론 붓으로 때론 펜으로 인간 내면의 복잡다단한 감정들을 포착해 표현하고 있으며, 그러한 작품들이 쌓이고 쌓여 어느새 17회 개인전과 17번째 시집을 펴내며 대중과 평단의 고른 지지를 얻고 있다. 이처럼 시와 그림을 병행하며 지금까지 활발한 작품활동을 이어 나가고 있는 정정순 작가는 홍익대학교 대학원에서 현대미술을 수료했으며, 예원예술대학 회화과 지도교수를 역임했다. 또 그녀는 미술세계 입선 2회를 비롯

가득한 그리움

바늘이 있어야 실을 꿰지
실이 있어야 바늘에 꿰지

잘 정돈된 바느질함
곁에 두고 살았는데

현모양처의 야무진 꿈
녹슨 바늘 되었네

세월앞에 장사 없다고
당신도 바느질도 뒷전

아~ 녹슨 사랑
녹슨바늘 되었네

해 신미술대전 특선, 소사벌 미술대전 특선, 여성미술 대전 특선 등을 받았으며, 대한민국 미술대전 특선 및 심사위원도 역임하며 국내 화단의 역량 있는 작가로 인정받고 있다.

17번째 시집 『미완성의 시간』 펴내

"미완성의 시간이 많이도 흘렀습니다. 보고 보고, 고치고 또 고쳐도, 만족할 수 없는 작품들은 더는 제가 할 수 있는 부분이 아닌 것 같아 마침표를 찍으면서 나름

대로 최선을 다했다고 생각합니다. 달을 채우려는 산고의 고통을 느끼는 산모처럼 좋은 시가 태어나기를 염원하며 많은 시간 노력하였습니다. 이때 저는 많이 배우고 알려고 하는 사람의 인성처럼 완벽한 작품은 100%가 힘들다고 생각했습니다. 오늘이 있기까지 아껴주고 사랑해주신 지인들과 가족에게 감사함을 전하면서, 모든 가정에 평화가 충만하기를 기원합니다."

정정순 작가는 지난 2019년 자신의 16번째 시집『인생의 탑』을 발간한 바 있다. 『인생의 탑』의 시들은 그녀의 과거작과 달리 은유적이고 비유적인 표현들이 주를 이뤄 많은 이들의 호평을 받았다. 이에 정정순 작가의 신작을 손꼽아 기다리던 독자들이 적지 않았는데, 2023년 10월『미완성의 시간』이 세상에 나오며 그 기다림이 결실을 보게 됐다. "저는 2019년 시집『인생의 탑』을 발간하고, 다시 또 불을 붙이기 시작하여 휴대전화에 저장된 글을 나이답지 않게 옮겨 쓰느라 책상 앞에서 시간을 보냈습니다. 보면서 고치면서 완성되었다고 몇 번이나 손뗐다고 해도 보면 또 아니어서 시간만 보냈는데 지난해 7월 장마를 시작으로 외출도 못 하

고 이때다 싶어 다시 돌진하여 반석 위에 올리게 되었습니다." 그녀의 17번째 시집 『미완성의 시간』은 정정순 작가가 대부분 봉화산과 중랑천을 걸으며, 또 집안일을 하며 단순하게 쓴 생활 시들을 한데 엮은 책이라고 할 수 있다. 특히 정정순 작가는 삶의 모든 애환과 살아오는 과정, 생활 주변에서 일어나고 느껴지는 모든 감정 등을 사실적이고 은유적으로 시로 표현했다. 이에 다수 독자로부터 찬사를 받는 정정순 작가는 부족한 글이지만 많이 격려해주고 예쁘게 봐줘서 감사하다는 말과 함께 앞으로도 끊임없는 창작욕을 불태워 작품활동에 더욱 매진하겠다

고 포부를 밝혔다.

자신을 사랑해야 모두에게도 잘할 수 있다

정정순 작가는 꽃을 테마로 화풍을 이어가는 것으로 유명하다. 그녀의 그림은 힘과 정열이 넘쳐나는 화려한 색감을 바탕으로 시각적 활기와 확고한 조형성을 지니고 있다. 또한, 은은하면서도 다채로운 색감 속 명암의 대비가 절묘하게 교직 되는 것도 특징이라고 할 수 있으며, 감각적 붓 터치와 색의 조화는 입체적 효과까지 낳는다. 이를 통해 정정순 작가는 관람객들에게 행복과 힐링을 선사한다. 즉, 밝고 긍정적인 마음으로 그린 그림 속 메시지가 고스란히 사람들에게도 전달이 되는 것이다.

"자신을 사랑하고 자신이 행복해야 결국 모두에게도 잘할 수 있다고 생각합니다. 저는 저 자신을 끊임없이 채찍질하면서 긍정적으로 지금까지 살아왔습니다. 이를 통해 느낀 점이 있다면 저보다 남을 생각할 수 있는 지혜를 품고 열심히 살아가다 보면 결국 좋은 날이 온다는 것입니다. 작은 꿈이라고 할지라도 그 일에 매진할 수 있을 때 행복함이 찾아온다는 것을 늘 명심하고 살아가겠습니다."

젊은 시절보다 기력은 떨어져도 점점 많아지는 무료한 시간 앞에 시와 그림 속에 잘 보내고 있으니 이보다 좋은 일이 있냐고 반문하는 정정순 작가. 한결 가벼운 마음으로 그림을 그리고 시를 쓰는 그녀는 최근 『미완성의 시간』을 펴낸 데 이어 오는 5월 8일부터 14일까지 인사아트프라자에서 열리는 대한민국 국전 작가회 그룹전(부스 개인전)에 참가한다. (이코노미뷰 김남수)

이코노미뷰 본부장 김남수 기자님을 2024년 봄 "대한민국 국가미술특별초대전"에서 우연히 만났다. 너무 오래 전이라 이름은 가물가물했지만 "정정순 선생님 아니세요?" 반갑게 인사를 하며 "축하드립니다." 사진을 찍어주고 기뻐해 주니 너무 고마웠다. 우연은 인연으로 시작된다고 "국가 미술 최우수 작가상"을 타고 인터뷰를 한 그 날을 다시 한 번 그려본다. - 정정순

시집 출간

01회 1999년 03월　맑은 하늘에 점하나 찍었어
02회 2000년 06월　산길 같은 그리움
03회 2001년 07월　밤나무의 추억
04회 2003년 02월　초록 물방울
05회 2004년 05월　초록빛 그리움(시화집)
06회 2004년 05월　그리움 길이되어 그대에게 갑니다
07회 2005년 02월　초록빛 그리움
08회 2005년 03월　풍경 속의 그리움(한영시집)
09회 2005년 12월　별이 되고 꽃이 되어
10회 2007년 03월　초록빛 샘(한영시집)
11회 2007년 11월　서로 사랑하게 하소서
12회 2008년 06월　그대가 있어 행복합니다
13회 2009년 02월　당신이 있어 행복합니다
14회 2010년 09월　詩가 있어 행복합니다
15회 2012년 05월　얼마큼 더걸어야 산마루에 마음두고 올까
16회 2019년 11월　인생의 탑
17회 2023년 10월　미완성의 시간
18회 2025년 05월　회상

미술개인전

2002년 01회　개인전(德園 GALLERY)
2002년 02회　개인전(藝術의 殿堂)
2003년 03회　개인전(SEOUL ART CENTER)
2003년 04회　개인전(INSA ART PLAZA)
2004년 05회　개인전(HANARO GALLERY)
2004년 06회　개인전(一本 오사카 A.T.C 展示館)
2004년 07회　개인전(藝術의 殿堂)
2005년 08회　개인전(光化門 世宗文化 會館)
2005년 09회　개인전(西湖 GALLERY)

2006년 10회	개인전 (GALLERY TEABULO)	
2007년 11회	개인전 (후쿠오카 西日本展示館 NAAF)	
2007년 12회	개인전 (SEOUL ART CENTER)	
2007년 13회	개인전 (GALLERY TEABULO)	
2008년 14회	개인전 (光化門 世宗文化 會館)	
2008년 15회	개인전 (西湖 GALLERY)	
2009년 16회	개인전 (INSA ART CENTER)	
2011년 17회	개인전 (서울무역전시컨벤션센터)	
2012년 18회	개인전 (INSA ART PLAZA)	
2024년 19회	개인전 (INSA ART PLAZA)	

단체전

한강에서 라인강까지(갤러리포럼, 독일)
서안 역사박물관 초대전(서안 역사박물관, 중국)
대한민국 유명작가 초대전(옥타곤 갤러리, 싱가폴)
한국의 날 현대작가 초대전(문명미술관, 싱가폴)
國內外 團體展 & 招待展 200여회

수료증

1986년 08월	19기 한국 언어문화원 인생대학
1991년 12월	화우 꽃꽂이협회 사범1급
1996년 12월	연세대학 최고경영자 42기
1997년 06월	이화여자대학교 5기 정보과학대학원
1999년 12월	이화여자대학교 꽃예술 최고지도자
2000년 03월	예원예술대학 조형미술학과 서양화전공
2005년 07월	홍익대학교 17기 현대미술 최고위과정
2009년 09월	동방대학원대학교 불교문예학과 석박사
2015년 05월	2기 말글커뮤니케이션 스마트커뮤니케이션

상패

1996년 12월	최고 영예상, 연세대학교 경영대학원장상
1999년 06월	시 부문 추천당선, 한국 공간시인연대
2000년 03월	미술 세계 입선, 안산 단원미술관
2002년 04월	여성 미술대전 특선, 한국 여성 미술협회
2000년 07월	시부문 우수상, 한국 공간시인연대
2000년 09월	한국의 아름다운 얼굴 대상, 헤럴드경제
2001년 07월	미술 세계 입선, 안산 단원미술관
2001년 10월	신 미술대전 특선, 신 미술협회
2001년 12월	소사벌 미술대전 특선, 평택미술관
2002년 03월	다산문학 대상, 한국 다산문학회
2002년 08월	제21회 미술대전 입선, (사)대한민국 미술협회
2003년 04월	제3회 한국 글사랑 문학상 본상, 글사랑문학회
2003년 05월	제22회 미술대전 특선, (사)대한민국 미술협회
2004년 11월	21세기 한국인상, 민주신문 21세기뉴스
2005년 07월	최고 영애상, 홍익학원 이사장
2005년 03월	제15회 허난설헌 문학상 본상, 국제문학회
2005년 09월	일붕문학상 대상, 일붕문학상 운영위원회
2005년 09월	베스트 피플어워드 대상, 스포츠연예신문
2007년 04월	제10회 에피포토 문학상,
2007년 12월	제5회 장한 한국인상 금상, 대한 무궁화 중앙회
2008년 07월	한국공간 시인협회상, (사)한국 공간시인협회
2008년 08월	대한민국을 빛낸 CEO대상, 뉴스메이커
2008년 08월	국제미술전 동상, 국제미술 전조직위원회
2008년 10월	제1회 독서문화상, 독서 생활운동 중앙회
2009년 04월	올해의 시인상, 한국 기자 전문협회
2009년 11월	중랑문학상 우수상, 중랑문인협회
2010년 03월	문화예술부문 대상, 스포츠조선
2010년 04월	독서문화대상, 독서생활운동 중앙회
2010년 10월	Top브랜드 대상, 스포츠서울 특별기획
2010년 11월	자랑스런 한국인 대상, 한국잡지협회
2010년 11월	혁신리더 예술인부문 대상, 뉴스메이커

2011년 03월　자랑스러운 혁신한국인 대상, 스포츠조선
2011년 06월　서양화부분 대상, 한중 문화예술협회
2012년 05월　자랑스런 한올 문학대상, 국제문화교류진흥회
2012년 06월　문학세계 수필 신인문학상, 천우미디어그룹
2012년 06월　한 · 중 · 문화예술 미술대상, 고려문화 경제연구소
2013년 01월　대한민국을 빛낸 문화예술부분대상, 일간스포츠
2013년 12월　한마음 문화상, 한국 신문예문학회
2016년 03월　대한민국 이노베이션 문화예술대상, 일간스포츠
2016년 11월　중랑문학대상, 중랑문인협회
2019년 06월　올해의 문화예술부분 대상, 한국언론연합회
2019년 03월　대한민국을 이끄는 혁신리더대상, 뉴스메이커
2020년 08월　한국을 이끄는 혁신리더대상, 뉴스메이커
2021년 04월　동시 신인문학상, (사)한국 아동문학회
2021년 07월　한국을 이끄는 혁신리더대상, 뉴스메이커
2022년 01월　한국을 이끄는 혁신리더대상, 뉴스메이커
2023년 12월　불교문학 대상, 불교문학사
2024년 03월　특별초대전 최우수 작가상, 대한민국 국가 미술협회
2024년 03월　대한민국 지역사회공헌대상, 국회여성가족위원장 표창장
2024년 05월　한국을 이끄는 혁신리더(문화예술부문)대상, 뉴스메이커
2024년 05월　특별초대전 알파색채상(서양화부문), (주)알파색채
2024년 05월　한국을 이끄는 혁신리더(문화예술부문)대상, 뉴스메이커
2024년 06월　자랑스런 혁신한국인&파워브랜드대상, 월간 한국인

위촉장 선임장 임명장

2002년 04월　선임장 중앙회 심사위원, 한복입기운동
2004년 11월　위촉장 사회복지협의회 위원, 중랑구청
2007년 02월　공로패 사랑의 샘터 ECB회장, 사회복지법인 자광재단
2005년 08월　임용장 미술 디자인학부 객원교수, 예원예술대학교이사장
2007년 02월　확인장 국제미술특강 강의, 북구주립 板壃중학교교장
2007년 04월　선임장 불교문학 부회장, 불교문학회
2009년 04월　위촉장 불교문예학 책임교수, 동방대학원대학교

2009년 05월	임명장	태국베스트 공모전 심사위원, 세계미술협회
2009년 11월	임명장	세계미술협회 심사위원장, 한중미술평론가협회
2009년 12월	위촉장	총동문회 10회 자문위원, 면목초등학교
2010년 10월	임명장	일본대사관공모대상 심사위원, 공모대상전 운영위원회
2011년 03월	선임장	해외문학발전위원회 위원, (사)한국문인협회
2011년 03월	위촉장	총동문회 10회 자문위원, 면목초등학교
2011년 07월	선임장	한국문협 서울지회 지회장, 한국문인협회
2012년 01월	임명장	문인학생멘토링, 전라남도 보성 교육지원청 심사위원
2012년 03월	임용장	조형미술 객원교수, 예원예술대학 문화예술대학원
2012년 11월	임명장	문화관광 위원장, 새누리당
2013년 05월	선임장	국제펜한국본부 이사, (사)국제펜문학회
2013년 06월	선임장	한국문인협회지부 회장, (사)한국문인협회
2013년 06월	선임장	한국문인협회 25대 문학발전위원장, (사)한국문인협회
2014년 05월	위촉장	한국미술대전 비구상(수채화)심사위원, (사)한국미술협회
2017년 04월	선임장	제26대 동인지 문학연구위원회위원장, (사)한국문인협회
2017년 06월	선임장	국제펜한국본부 이사, (사)국제펜한국본부
2017년 12월	선임장	한국문인협회 동인지 문학연구위원장, (사)한국문인협회
2020년 03월	선임장	한국현대시인협회 회원, (사)한국현대시인협회
2020년 03월	임명장	국전작가협회 회원, (사)한국국전작가회
2021년 02월	선인장	한국아동문학회 이사, (사)한국아동문학회
2022년 02월	위촉장	국제문단 자문위원, 국제문단문인협회
2023년 03월	선임장	제28대 문학지육성 교류위원장, (사)한국문인협회
2023년 03월	선임장	중랑문인협회 고문, 중랑문인협회
2023년 03월	선임장	불교문학 명예회장, 불교문학회
2023년 03월	선임장	아리수문학 부회장, 역대지부회장협의회
2024년 03월	선임장	특별초대전 초대작가, (사)대한민국국가미술원
2024년 05월	임명장	국전작가회 이사, (사)국전작가회
2024년 07월	선임장	계간문예 이사, 계간문예

축하패 위촉패 감사패 기념패

1983년 12월	감사패	청솔친목회

1998년 12월	축하패	공간사 시인 추천 당선
1999년 03월	감사패	매화침목회
1999년 05월	기념패	공간작가회 시집 출간
1999년 05월	감사패	이화여자대학교 평생교육원
2002년 01월	공로패,	전국 문화원 조합
2002년 12월	감사패,	한국 언론인협회
2004년 12월	축하패	인사동 시인들 21세기 한국인상
2005년 05월	감사패	(사)한국미술협회 전라북도 미술대전
2005년 08월	감사패,	면목 사회복지관 관장
2006년 09월	감사패,	월간 우먼골프 창간 11주년 기념
2009년 11월	감사패	사회복지 법인 자광재단
2009년 12월	감사패	(사)서울경제 산업연구원 회장 SEDI
2010년 04월	감사패	한국동방학회 평생회원
2011년 02월	감사패	ECB회장 면목사회복지관
2014년 07월	감사패	법인 자광재단 면목사회복지관
2015년 02월	감사패,	중랑문인협회 회원일동
2017년 03월	감사패	불교문학회 회원일동
2024년 09월	감사패	면목사회복지관 사랑의 샘터

골프대회 기념패

1992년 11월	우승 둘목회 친선골프대회 이포cc
1993년 10월	우승 제55회 푸른동산 골프대회 여주cc
1995년 10월	우승 제5회 매화회 레이크우드cc
1996년 09월	준우승 연세대학교 경영대학원 골프대회 경주cc
1997년 07월	싱글(single) 아시아나cc
1998년 06월	우승 제9회 골프대회 이화골프회 한양cc
1998년 10월	니어리스트(nearest) 심장병어린이돕기 관악cc
1998년 11월	싱글(single) 돌목회 여주cc
1999년 09월	이글(eagle) 아시아나cc
2000년 07월	이글(eagle) 방콕cc
2003년 06월	파(par)상 친선골프대회 관악cc

2005년 05월   single 뉴서울cc 주건회
2009년 10월   준우승 경제인골프대회 양주cc
2003년 09월   이글(eagle) 제주 제피로스cc
2010년 09월   양주 회원 친선 경기대회 4위 양주cc
2021년 10월   홀인원 필로스cc
2022년 08월   eagle 양주cc

등록증

2006년 10월 2일 불교문학 정기 간행
2006년 10월 2일 도서 출판 예초
(작업실 책꽂이에 작가 활동, 사회활동, 골프 운동,
불우이웃돕기에 참여하면서 받은 감사패와 상패, 선임장,
위촉장을 년도 별로 수록한 것입니다.)

꽃사랑 3 (45.5×37.9cm)

꽃사랑 12 (91×73cm)

회상 (回想)

1판 1쇄 발행 2025년 04월 30일

지은이   정정순
발행인   정정순
편집인   이상규
펴낸곳   도서출판 예초
주　소   서울특별시 중랑구 중랑역로 204 (묵동, 민선빌딩 5층)
전　화   02. 971. 8585 (H.P : 010. 3703. 8585)
등　록   2012년 6월 13일 제2012-27호
가　격   15,000원

ISBN 9791196742614 (03800)

*이 책의 저작권은 저자에게 있습니다. 본사의 서면 동의나 허락 없이는 어떠한 방법으로도 무단 전재 및 복제를 할 수 없습니다.

*잘못된 책은 구입처를 통하여 바꾸어 드립니다.